TRAITÉ

DES MALADIES

QUI ONT RÉGNÉ ÉPIDÉMIQUEMENT

EN 1828,

DANS LES CANTONS DE DUCLAIR, CAUDEBEC ET LILLEBONNE.

~~~~~~

SE TROUVE :

A Caudebec, chez l'Auteur.

A Yvetot, chez le même.

A Lillebonne, chez M. Videbout.

A Rouen, chez Frère, libraire, sur le Port.

~~~~~~

TRAITÉ
DES MALADIES

QUI ONT RÉGNÉ ÉPIDÉMIQUEMENT

EN 1828,

DANS LES CANTONS DE DUCLAIR, CAUDEBEC ET LILLEBONNE;

DE LEURS CAUSES, DE LEURS TRAITEMENS,

ET DES MOYENS DE S'EN PRÉSERVER;

PRÉCÉDÉ

D'UNE NOTICE SUR LA TOPOGRAPHIE ET LES CONSTITUTIONS
MÉDICALES DE LA VILLE DE CAUDEBEC ET LES ENVIRONS;

PAR M. LECHAPTOIS,

DOCTEUR-MÉDECIN DE L'HOSPICE DE CAUDEBEC.

A ROUEN,

IMPRIMERIE DE TH⁵ D. BRIÈRE, RUE AUX JUIFS, N° 51.

M DCCCXXIX.

AVANT-PROPOS.

La vie est courte, et elle le serait encore davantage si l'homme, toujours attentif à sa conservation, ne s'était occupé, depuis les premiers tems de la création, à étudier les différens produits de la nature, à les analyser, à examiner les changemens qu'ils peuvent éprouver, leurs rapports entre eux, et particulièrement l'influence plus ou moins grande qu'ils exercent sur lui.

C'est à l'aide de ces connaissances premières, qui se sont transmises et accrues d'âge en âge, qu'il a pu apprendre à distinguer les choses qui sont utiles à l'entretien de la santé de celles qui lui sont nuisibles ; connaissances d'autant plus précieuses que les principaux instrumens de son existence, tels que l'air et les alimens, tant solides que fluides, dont l'usage journalier lui est imposé, sous peine de mort, sont susceptibles de contracter des altérations tellement délétères qu'ils peuvent détruire en peu d'instans la vie qu'ils étaient destinés à entretenir.

Comme mon intention n'est point de faire un traité d'hygiène, mais seulement de transmettre mes idées sur la nature de l'épidémie qui a désolé ce canton; je ne parlerai que des qualités viciées de l'air et de l'eau qui ont un rapport intime avec le sujet que je veux traiter.

DE L'AIR.

L'air est ce fluide transparent, invisible, élastique, inodore, pesant et extrêmement mobile, possédant tous les attributs de la matière, qui nous environne de toutes parts, dont la présence seule provoque le premier soupir de l'homme et fait marcher le soufflet de la vie jusqu'à ce qu'il rende son dernier : cet air, dont la pureté est aussi essentielle à l'entretien de la vie de l'homme que celle de l'eau l'est aux poissons, peut se trouver vicié soit dans sa composition, soit par rapport à son mélange avec des gaz étrangers, des miasmes, des émanations animales, végétales ou minérales.

L'air est composé de soixante-dix-huit parties d'azote ou air méphytique, de vingt-une d'oxigène

ou air vital, et d'une d'acide carbonique ; c'est de
la juste proportion qui existe entre les gaz azote et
oxigène, qui le constituent, que dépend sa *respira-
bilité*. Le gaz oxygène est la seule partie qui serve à
la respiration ; lorsqu'il vient à disparaître, soit par
les combinaisons qu'il forme avec d'autres substan-
ces, soit dans l'acte de la respiration même, le
résidu de l'air atmosphérique dont il faisait partie
ne peut plus lui servir, et les animaux y sont suffo-
qués, s'il a disparu en totalité, et y contractent des
maladies plus ou moins pernicieuses, s'il n'a disparu
qu'en partie.

La libre et continuelle circulation de l'air est une
des conditions essentielles à sa vitalité; concentré
dans des endroits profonds, tels que les puits, les
marnières, où son renouvellement se trouve impossible, il contracte des qualités tellement délétères
que les malheureux que leur état y conduit y trouvent souvent la mort pour tout salaire. Les entraves
à la libre circulation de l'air dépendent quelquefois
de la nature et de l'exposition du sol de chaque pays,
et des vents qui lui sont propres ; leurs effets se font
souvent sentir dans des contrées très-étendues, et
sont une des principales causes des épidémies qui les
désolent.

DE L'EAU.

L'eau est ce fluide précieux qu'on voit tout-à-la-fois jaillir des entrailles de la terre et tomber du ciel. Non-seulement l'eau est la boisson naturelle de tous les animaux, mais encore elle entre dans la composition de la plupart des alimens solides dont l'homme fait usage; prise intérieurement et appliquée extérieurement, elle contribue puissamment à l'entretien de la santé, pourvu qu'elle soit dans son état de pureté. L'eau, pour être potable, doit être insipide, inodore, transparente, dissoudre le savon et cuire parfaitement les légumes. Elle est composée de gaz oxigène et hydrogène; le premier y figure pour quatre-vingt-neuf parties sur cent, et l'autre pour onze : elle peut être viciée, soit dans sa composition, soit par son mélange avec d'autres corps. L'eau, pour conserver sa pureté, doit circuler continuellement; la stagnation est une des principales causes qui la lui font perdre : elle dissout toujours une partie des matières animales et végétales qu'elle rencontre, et quand elle reste pendant long-tems dans le même endroit, ces matières s'altèrent, se décomposent, fournissent des gaz qui restent dissous dans ce liquide et le rendent de mauvaise qualité, ou s'évaporent dans l'air auquel ils communiquent leurs qualités délé-tères. Alors, soit qu'on fasse usage de ce liquide, soit qu'on respire l'air chargé des vapeurs qui s'en exhalent, la santé se trouve nécessairement altérée; aussi est-il reconnu que la stagnation des eaux dans les lacs, les marais, etc., est encore une des causes les plus fréquentes des épidémies.

Si les mauvaises qualités de l'air et de l'eau peu-vent procurer séparément des épidémies, à plus forte raison lorsqu'elles se trouvent réunies; et si, dans ces cas, elles sont encore secondées par quel-ques causes accidentelles ou dépendantes de la situa-tion du sol, il est évident que la réunion de tant d'agens morbifiques devra donner à l'épidémie un caractère plus grave, soit par rapport à ses symp-tômes, soit en raison du nombre des individus qui en seront atteints.

Toutes ces circonstances se sont rencontrées dans celle dont j'essaie de donner une esquisse : c'est ce que je me propose de démontrer; j'y joindrai quel-ques observations sur la nature des différentes ma-ladies que nous avons eu lieu d'observer pendant son cours, sur le traitement qui a le mieux réussi, et en-fin sur les moyens de s'en préserver et d'en prévenir le retour. Je n'ai d'autre but en les publiant que d'être utile à la population qui m'environne : puissent-elles, en cas de récidive, la mettre à portée de se soustraire à la voracité de ces êtres qui ont, dans cette circonstance, selon leur ancien usage, si cruellement exploité la misère publique !!!

DE LA NATURE

DE L'ÉPIDÉMIE

QUI A RÉGNÉ A CAUDEBEC

ET DE SES CAUSES.

On est convenu depuis des siècles d'appeler épidémies « des maladies qui sévissent accidentellement » sur un grand nombre de personnes, sans distinc- » tion d'âge, de sexe, de tempérament, etc. , soit » par l'effet de causes étrangères à la contrée qu'elles » habitent, soit au contraire par un surcroît momen- » tané d'activité dans les causes nuisibles que cette » contrée peut recéler. » La maladie qui fait l'objet de mes recherches mérite donc incontestablement cette dénomination, puisque le tiers au moins de la population des quinze ou seize communes où elle avait particulièrement établi son domicile, en a éprouvé des atteintes plus ou moins fortes. Mais la cause de son apparition est-elle étrangère à la contrée, ou lui doit-elle au contraire son existence en tout ou en partie ? C'est ce qu'il s'agit d'examiner.

Si c'eût été pour la première fois qu'une épidémie eût débarqué sur les rives de la Seine, dans ce canton, on pourrait la regarder comme le produit de quelques causes passagères que le hasard enfante quelquefois, mais rarement, que le tems use et qui, étant souvent plusieurs siècles sans se reproduire, doivent laisser sans inquiétudes sur leur retour.

Mais il n'en est pas ainsi. De tout tems, ces contrées ont été le théâtre d'épidémies plus ou moins rapprochées. C'est la troisième que j'y observe depuis trente ans; la première, vers l'an X de la république, ne le céda guères en nombre à celle-ci; quelques communes, telles que Caudebec, Guerbaville et Bliquetuit, furent moins maltraitées à la vérité, mais le nombre des victimes fut plus considérable. La seconde parut en 1819, et se borna à des fièvres intermittentes simples, dont le nombre, quoique considérable, fut moindre que celui de la première; comme elles ne présentèrent aucun danger, elles firent peu d'effet sur l'esprit des habitans de la plupart de ces communes, où elles sont endémiques, et qui sont tellement familiarisés avec elles que si, en voyant leur teint d'un blanc sale, on leur demande s'ils n'ont pas fait une maladie, ils vous répondent nonchalamment : Non, Monsieur, ce n'est que la fièvre. Et cependant cette fièvre qui, selon eux, n'est pas une maladie, les conduit, par leur insouciance, plus ou moins lentement, chez le Père Eternel.

D'après cet exposé, dont la notoriété est incontestable, il est évident que la nature et l'exposition du sol de cette contrée recèlent au moins dans leur sein les causes prédisposantes de ces épidémies.

DISPOSITION DU SOL.

Les communes des cantons de Duclair, Caudebec et Lillebonne, sur lesquelles l'épidémie a particulièrement exercé ses ravages, se trouvent placées sur les deux rives de la Seine. Leur étendue est d'environ cinq lieues de long sur une de large, dont la ville de Caudebec est le centre ; le cours de la rivière qui les sépare marche de l'est à l'ouest, toutes sinuosités compensées. Les communes de la rive gauche sont : 1° le hameau de Heurteauville (commune de Jumiéges); 2° la Mailleraie, Bliquetuit, Saint-Nicolas et Watteville; celles de la rive droite sont le Trait (canton de Duclair), situé à l'est, et, en descendant, les hameaux de Gosville et Caudebecquet, appartenant à la commune de Saint-Wandrille, canton de Caudebec; la ville de ce nom, une lisière de la commune de Saint-Arnoult et la petite bourgade du bas de Villequier, même canton ; enfin les communes de Norville, Saint-Maurice, Petiville, Gravenchon, etc., canton de Lillebonne. La surface du sol des unes et des autres se trouve presque de niveau avec celle de la rivière, qui, à l'époque des grandes marées, sort de son lit et se répand sur les prairies qui bordent ses rives. Elles sont toutes bornées à l'est et au nord par une chaîne de montagnes qui s'étendent depuis Jumiéges jusqu'à Lillebonne. Ces montagnes, qui ont au moins, pour la plupart, cent cinquante mètres de hauteur, sont encore recouvertes de très-beaux bois; d'où il résulte que les vents d'est et du nord, si utiles pour la purification et la régénération de l'air, n'exercent presque aucune influence sur celles de la rive droite qui se trouvent placées immédiatement au pied de ces montagnes, par-dessus lesquelles ils sont obligés de franchir pour y pénétrer, et dont ils ne peuvent tout au plus qu'effleurer la partie supérieure de la colonne d'air atmosphérique qui les recouvre; il en est à-peu-près de même de celles qui en sont plus éloignées, puisqu'elles ne le sont en général que d'une lieue.

Ces mêmes communes sont bornées au midi par la forêt de Brothonne, qui commence au château du Lendin et finit à l'extrémité ouest de Watteville. Le sol de cette forêt, recouvert aussi de très-beaux bois, est encore plus élevé que celui de ces communes, de manière qu'elles forment une espèce de bassin oblong, d'un accès très-difficile aux vents de nord, nord-est, est et sud, ce qui nuit à la libre circulation de l'air si utile à sa pureté.

J'observe cependant que le tableau que je viens de faire de la situation de ces lieux, relativement aux vents de nord, nord-est et est, n'est applicable qu'à la majeure partie; car les vallées de Sainte-Gertrude et de Rançon, situées au nord, et l'espace qui se trouve entre les montagnes à l'est pour le passage de la rivière, n'opposant aucun obstacle aux vents de ces contrées, y apportent quelques modifications.

Quant à l'ouest, les choses changent absolument de face : le canal de la rivière s'élargit à mesure qu'il approche de son embouchure dans la mer, qui n'en est distante que de sept à huit lieues ; les montagnes qui sont sur ses deux rives s'éloignent les unes des autres, et le tout présente un vaste entonnoir où les vents d'ouest et sud-ouest peuvent entrer en maîtres, sans éprouver le moindre obstacle.

Ces vents de mer, qui sont toujours humides et chargés des différens miasmes qui s'exhalent soit de la mer même, soit des marais qu'ils traversent dans leur trajet, s'y font sentir une grande partie de l'année, on pourrait même dire tous les jours, car le flux et reflux de la mer, dont la rivière éprouve les effets toutes les douze heures, est constamment accompagné d'une petite brise de vents d'ouest au moment où le flot passe.

Il résulte de cet exposé : 1° que les vents d'ouest et sud-ouest prédominent dans cette contrée ; 2° que ces vents étant naturellement chauds et humides, doivent communiquer leurs qualités à l'atmosphère avec d'autant plus de facilité que les vents d'est et nord qui sont les plus secs, les plus purs, et qui, par cela même, semblent destinés par la nature à corriger les qualités malfaisantes des autres, n'y ont pas, à beaucoup près, un égal accès. L'humidité, jointe à la chaleur, bouche les pores de la peau, amollit la fibre, fait languir la circulation du sang et énerve le corps, dont elle dispose les humeurs à l'alcalescence ; ajoutons à ces tristes qualités qu'elles sont les deux grands agens de la putréfaction , **et** l'on sera convaincu que cette constitution prédominante de l'atmosphère doit être regardée comme une des causes principales des maladies qui règnent habituellement dans ce pays.

DE LA STAGNATION DES EAUX.

A cette première cause d'insalubrité , qui tient à la disposition du sol et qui est permanente et indestructible, il faut ajouter la stagnation des eaux dans plusieurs quartiers , qui dépend aussi dans quelques-uns de la disposition du sol , mais qui est due dans la plupart à l'incurie des habitans.

Telle est , dans le premier cas , cette belle prairie connue sous le nom de commune du Trait , qui contient au moins trois cents acres , située sur la rive droite de la Seine, qui la borde à l'ouest et dont elle n'est séparée au midi , dans toute sa longueur, que par une autre prairie d'une faible largeur. La superficie de cette partie latérale qui est la plus rapprochée de la Seine, se trouve beaucoup plus élevée que celle qui lui est opposée, située au nord et bornée par l'ancienne grande route de Caudebec à Rouen ; de manière que ce terrain forme , dans une grande partie de sa longueur, une espèce de cuve où viennent s'amasser les eaux pluviales et celles qui franchissent les bords de la Seine dans les grandes marées ; ces eaux , qui couvrent une grande partie de cette commune, une fois rendues dans cette espèce de réservoir, n'en peuvent plus sortir, puisque le terrain qui les environne est plus élevé de tous côtés que celui qu'elles occupent ; de là leur stagnation pendant des mois entiers, et tous les effets morbifiques qui en dérivent, comme je l'ai expliqué plus haut.

Leur desséchement paraît présenter de grandes difficultés au premier coup-d'œil ; cependant je ne le crois pas impraticable. Le sol de la partie submergée se trouvant plus bas à l'est et au sud que la superficie des eaux de la Seine, il est impossible de procurer leur écoulement de ces côtés. Quoiqu'il existe une pente de l'est à l'ouest, dans la direction du cours de la Seine, il est impossible d'en profiter pour creuser un canal par le moyen duquel elles pourraient s'écouler ; car la rivière formant un coude dans cet endroit, le flot qui vient à chaque marée, avant de se replier, heurter contre le point même où devrait aboutir le canal, et qui, malgré la résistance des terres, s'est déjà frayé un passage de plus de cent toises de long, s'y précipiterait avec toute l'impétuosité qui lui est propre, et finirait, après l'avoir agrandi, par le submerger à chaque instant. Ces trois points présentant des obstacles insurmontables, il nous reste à examiner la partie du nord, bornée par des terres qui s'élèvent en glacis jusqu'à la montagne. Comme ce terrain est pierreux, il me semble qu'on pourrait y creuser des bétunes (espèces de puits) dans toute la longueur, dans lesquelles viendraient aboutir des fossés d'un demi-mètre

carré qui traverseraient la commune prairie du sud
au nord. J'ai vu ces moyens, tout simples qu'ils
sont, réussir à dessécher une grande propriété ma-
récageuse qui présentait les mêmes difficultés que
celle-ci.

La commune prairie du Trait n'est pas la seule où
les eaux croupissent en raison de la disposition du
sol; je ne l'ai citée de préférence aux autres que parce
que c'est la principale.

Quant à celles où les eaux séjournent par l'incurie
des habitans, je citerai particulièrement ce vaste
marais de Jumiéges, hameau de Heurteauville, où
l'on extrait de la tourbe au profit des habitans;
cette extraction ne peut se faire sans qu'il en résulte
des excavations proportionnées au volume de la
tourbe qu'on en extrait, qui forment des lacs ou
étangs dans lesquels l'eau croupit. Ne serait-il pas
juste que ceux qui profitent de cette branche de com-
merce fussent contrains de faciliter la circulation de
ces eaux, dont le croupissement, qui peut les faire
périr eux-mêmes, est le produit de leur ouvrage et
de leur spéculation? Les chemins de ce hameau sont
remplis de boue et d'eau, même pendant l'été; je
l'ai parcouru dans tous les sens, et je me suis convaincu que la plupart des fossés creusés ancienne-
ment pour l'écoulement des eaux des prairies et
terres de labour sont remplis de vase et d'herbes
aquatiques qui s'opposent à leur issue.

Ce que je viens de rapporter sur l'état des chemins
et des fossés du hameau de Heurteauville, est en tout

applicable à la commune de Watteville; la route de
Caudebec à Pont-Audemer, qui traverse cette commune, est, dans certains endroits, un vrai cloaque,
notamment au hameau du Vert-Chêne, où il y a plus
de six pouces d'eau et de vase dans les plus grandes
sécheresses. M. le maire de la commune ne peut
l'ignorer, puisque c'est le chemin principal par lequel
il accède chez lui ; j'en pourrais dire autant de celui
par lequel M. l'adjoint va à la messe, etc. L'estime
que j'ai pour ces deux magistrats, et que tout le
monde partage, m'est un sûr garant qu'il n'est pas
en leur pouvoir d'y remédier ; puisse l'autorité supérieure les mettre à portée de le faire ! ! !

DES TERRES D'ALLUVION.

Ces deux causes d'insalubrité ne sont malheureusement pas les seules ; il en est une autre qui tient
également à la position et dont les effets délétères
ne le cèdent en rien aux premières. Je veux parler
de ces masses de terre connues sous le nom de terres
d'alluvion, qui, par l'effet de la marée, des vents et
du courant de la rivière, se détachent d'une de ses
rives pour se porter à l'autre, à des distances plus ou
moins éloignées. Depuis vingt-cinq ans, plus de deux
mille acres ont quitté la rive gauche, à partir de la
Mailleraie jusqu'à l'extrémité ouest de Watteville,
pour aller sur l'autre rive s'accoler aux prairies de
Norville et de Saint-Maurice, de manière que le

cánal actuel de la rivière se trouve dans l'emplace-
ment des anciennes prairies de ce côté, tandis que
l'ancien canal s'est trouvé métamorphosé en une
très-vaste prairie, au milieu de laquelle on voit encore l'extrémité des mâts de deux navires qui y
avaient péri quelques années auparavant. Ces dépla-
cemens qui, depuis long-tems, se faisaient de gauche
à droite, ont changé de direction depuis environ
trois ans : cent acres au moins se sont reportés sur
la rive gauche dans une longueur d'environ une
lieue et demie.

Ces terres sont le réceptacle de toutes les immon-
dices que la rivière charrie ; aussitôt qu'elles se trouvent en contact avec l'air atmosphérique, la chaleur
fait évaporer les gaz délétères qui s'en dégagent ; l'air
s'en charge et leur sert de véhicule pour s'introduire
chez nous par la respiration, la déglutition ou l'ab-
sorption, et nous inoculer ainsi le virus qu'ils recèlent.

Voilà, selon moi, les principales causes tenant à la
nature du sol auxquelles on peut attribuer les maladies soit endémiques, soit épidémiques qu'on observe
dans le pays ; c'est de leur concours plus ou moins
grand et du degré de force avec lequel chacune d'elles
sévit que dépendent le nombre et la nature des maladies qui en sont le produit. La constitution régnante
de la saison y apporte aussi des modifications essentielles ; en effet, si l'hiver est accompagné de longues gelées, si les vents d'est et nord-est prédominent
pendant le printems et l'été, et que la constitution

de ces saisons soit généralement sèche, il est évident que cette heureuse disposition de l'atmosphère dissipera, ou au moins atténuera une grande partie des miasmes morbifiques qui y sont répandus, et l'on ne verra en automne que de simples fièvres intermittentes, et encore en petit nombre.

Mais si, au contraire, la présence de toutes les causes morbifiques dont je viens de faire l'énumération, se trouve secondée par une constitution chaude et humide, telle que celle qui a existé l'été dernier, où chaque jour fut marqué par un orage, il est évident que la réunion de ce principe de putréfaction, dont j'ai signalé plus haut les pernicieux effets, leur donnera un surcroît d'activité, et les maladies augmenteront alors tant en nombre qu'en gravité.

CARACTÈRE DE L'ÉPIDÉMIE DE 1828.

Toutes les épidémies ont des caractères qui leur sont propres, suivant les causes qui les ont produites. Celle qui se manifesta vers l'an X de la république sur le même sol où sévit encore, quoique faiblement, celle qui fait l'objet de cet opuscule, parut comme elle au commencement de l'automne, se présenta sous les mêmes formes, et disparut en grande partie pendant l'hiver. Il en fut de même de celle de 1819, qui ne différa des deux autres que par le nombre des malades, qui fut beaucoup moins considérable, d'autant plus qu'il n'y eut que les communes les plus exposées à l'ouest qui en furent atteintes. Cette conformité de caractère, qui ne peut être que le résultat de la conformité de leurs causes, vient encore à l'appui de l'opinion où je suis qu'elles dépendent de la situation du sol.

On a remarqué dans toutes que les habitations exposées aux vents d'ouest et de sud, et à l'abri des vents du nord, avaient été beaucoup plus maltraitées que les autres. La ville de Caudebec en a fourni un exemple sensible cette année : le centre de cette ville, qui se trouve placé à l'embouchure de la vallée de Sainte-Gertrude, située au nord, n'a pas eu un malade sur trente habitans, tandis que les deux extrémités, et notamment la rue des Capucins, qui sont situées au bas de la montagne qui les met à l'abri des vents du nord, ont fourni au contraire presqu'autant de malades que d'habitans.

L'épidémie débuta par quelques fièvres intermittentes assez bénignes ; mais à peine quinze jours se furent-ils écoulés, qu'elles parurent en grand cortége ; aucune d'elles ne manqua à l'appel, depuis la fièvre simple tierce jusqu'à la fièvre pernicieuse. Les premiers accès furent en général très-longs, la plupart durèrent presque vingt-quatre heures, de manière que les fièvres quotidiennes et doubles-tierces se présentèrent souvent avec le type de fièvres continues rémittentes, et ce ne fut qu'après quelques accès qu'elles se montrèrent sous leur forme naturelle.

On observa cependant aussi des fièvres continues rémittentes et quelques fièvres ataxiques qui suivirent leur marche ordinaire jusqu'à parfaite guérison.

Mais quelle que fût la forme sous laquelle se présentèrent ces maladies , elles conservèrent toujours un
certain air de famille ; car, indépendamment des
symptômes qui leur étaient particuliers, elles en
avaient de communs qui dénotaient suffisamment
l'uniformité de leur origine.

Ces symptômes consistaient particulièrement dans
la couleur de la langue qui était d'un rouge vif foncé,
surtout à ses bords et à sa pointe, quelquefois un peu
plus blanche dans son milieu , mais toujours sèche
et aride dans toutes ses parties ; cet état de la langue
était accompagné d'une toux sèche qui cessait assez
souvent dans les intermittences ou rémittences, mais
qui reparaissait infailliblement au retour des accès
ou des redoublemens. La région épigastrique était
douloureuse , principalement à la pression ; les urines étaient d'un rouge brun et généralement très-
rares ; la peau brûlante et sèche, et enfin l'abattement
du malade , après la cessation ou diminution de l'accès, était extrême , même dans les fièvres les plus
légères, telles que les simples tierces. Quoique ces
symptômes se rencontrassent également dans toutes
les maladies qui formaient le corps de l'épidémie, ils
étaient cependant beaucoup plus prononcés dans les
fièvres continues. Il est évident qu'ils étaient l'effet
d'une irritation de l'estomac et de la trachée-artère,
provoquée par la présence de l'air infecté et d'une
nature toute particulière ; car les préparations de
kina, quoique toniques, la faisaient disparaître
comme par enchantement. A ces symptômes com-

muns à toutes les maladies régnantes , se joignaient
nécessairement ceux qui sont particuliers à chacune
d'elles et qui en font le caractère distinctif. Ils présentèrent cependant quelques anomalies. Je ferai
mention des uns et des autres dans la description
que je donnerai de chaque espèce , en commençant
par la plus dangereuse et fort heureusement la plus
rare, la fièvre pernicieuse.

DE LA FIÈVRE PERNICIEUSE.

Les nosologistes ont donné le nom de pernicieuse
à cette espèce de fièvres intermittentes qui, aban-
données à elles-mêmes, donnent infailliblement la
mort dans l'intervalle du premier au cinquième
accès. Elles sont toutes accompagnées de la lésion
plus ou moins profonde de quelques-uns des organes
les plus essentiels à la vie, ce qui les a fait diviser
en autant d'espèces qu'il y a d'organes ou de fonc-
tions principales. La plupart présentent des signes
d'affection du cerveau, lors même qu'elles paraissent
procéder de la lésion d'un autre viscère. Leurs symptômes sont en général les mêmes que ceux des fièvres
intermittentes bénignes , mais beaucoup plus intenses, et tels qu'on les voit dans les différentes espèces
de phlegmasies qui approchent d'une terminaison
funeste.

Quelques auteurs prétendent qu'il existe des fièvres
pernicieuses rémittentes, et je crois en avoir rencon-
tré de ce genre ; mais ne serait-ce pas plutôt des

intermittentes, dont les accès sont tellement longs, que le premier n'a pas encore cessé complètement lorsque le second commence à paraître, ce qui établit entre eux une légère rémittence, la fin d'un accès n'étant jamais aussi violent que le commencement? Beaucoup de fièvres quotidiennes ont affecté ce type et même quelques fièvres tierces. J'en ai vu une, entre autres, que j'ai classée, je crois avec raison, au nombre des pernicieuses, dont les premiers accès durèrent quarante heures et ne laissèrent entre eux qu'une rémittence de huit heures, et qui cependant, après quelques évacuations sanguines, diminua beaucoup tant en force qu'en durée : elle finit par guérir à l'aide du sulfate de kinine.

Le traitement de la fièvre pernicieuse, quoique uniforme à-peu-près, comme intermittente, doit cependant varier en raison de l'organe ou de la fonction principalement affectée ; aussi est-il très-difficile, pour ne pas dire impossible, de lui assigner une marche certaine et invariable ; c'est à la sagacité du médecin de saisir l'ensemble des symptômes et leurs rapports entre eux, pour pouvoir administrer les remèdes que réclame chaque cas particulier. Je me bornerai donc à rapporter quelques exemples des plus marquans de celles que j'ai rencontrées et du traitement que j'ai employé avec plus ou moins de succès, persuadé que ce moyen en donnera une idée plus précise que la description générale que j'en pourrais faire.

M. Nicolas B...., propriétaire, de la commune
du Trait, âgé d'environ soixante-dix ans, d'un tempérament sanguin, vivant d'ailleurs somptueuse-
ment, fut atteint, le 23 août, en venant à Caudebec,
d'un accès de fièvre tierce. Le froid fut remplacé,
après environ trois heures d'existence, par une forte
chaleur qui dura une partie de la nuit, et le tout se
termina par des sueurs abondantes qui existaient
encore le lendemain à huit heures du matin, époque
où je le vis; cependant le pouls était encore plein et
un peu vîte, la langue sèche et rouge; le malade
éprouvait une légère douleur à l'épigastre; ses urines
étaient d'un rouge brun. Je lui conseillai de faire
usage du petit-lait, de la limonade, du bouillon de
veau et de quelques lavemens adoucissans; mais l'accès, qui touchait à sa fin, ayant cessé complètement,
mon malade sortit dans sa cour, mangea et prit de
la tisanne de *Bourgogne*. Le second accès, qui sur-
vint le lundi 25, sur les trois heures du matin, fut
terrible; le malade tomba aussitôt en syncope; je le
vis sur les sept heures; il était encore sans connaissance; le pouls était plein et intermittent; la figure
rubiconde, ses vaisseaux injectés, les yeux larmoyans,
la respiration stertoreuse; j'appliquai vingt-cinq sangsues à la gorge; la connaissance revint graduellement, et le reste de la journée fut de mieux en mieux;
j'avais attribué la violence de l'accès aux écarts qu'il

avait fait dans le régime, je lui en fis sentir l'importance, il promit d'exécuter mes ordres, et cette fois il le fit. La journée du mardi fut bonne ; mais le mercredi matin, le troisième accès revint avec les mêmes symptômes que la veille, même plus intenses, et dura depuis une heure du matin jusqu'à midi, époque où je le vis. La connaissance commençait à revenir ; la violence de cet accès, qu'on ne pouvait pas attribuer exclusivement au défaut de régime, me fit voir tout le danger de mon malade et la nature réelle de la maladie que j'avais à combattre ; j'ordonnai donc de faire prendre au malade cinq grains de sulfate de kinine, dissous dans le sirop de vinaigre et étendus dans deux onces d'eau, de quatre heures en quatre heures, de manière à en absorber trente grains entre deux accès. On fut chercher le médicament, qui arriva tard, et une matrone qui faisait l'importante, ayant observé aux gardes qu'il faudrait le purger auparavant, la majorité de ce conseil bavard arrêta qu'on attendrait mon retour le lendemain pour en décider ; mais à mon retour chez moi, j'avais été attaqué d'une maladie à-peu-près pareille ; on vint me chercher, je ne pus y aller ; j'ordonnai d'exécuter les ordonnances de la veille : on fut chercher un autre médecin. Pendant tout cela, le tems se passait, et le quatrième accès arriva sans que le malade eût pris une seule dose du médicament ; la déglutition ne se faisait plus lorsque M. Régnier le vit, et il succomba le lendemain, grâces à ce conseil femelle, que nous rencontrons trop souvent auprès

des malheureux malades qu'ils obsêdent en même
tems qu'ils ennuient le médecin.

DEUXIÈME OBSERVATION.

Madame Mesnié, pensionnaire à l'hospice de cette
ville, âgée d'environ cinquante-cinq ans, d'un tempérament phlegmatico-bilieux, et en général d'une
faible constitution, se plaignit, le 24 octobre, d'un
malaise général qui allait toujours en augmentant
depuis quinze jours : l'appétit était nul; elle avait un
dégoût prononcé pour la viande; son pouls, quoique faible, était cependant un peu vîte; la langue
était muqueuse. L'usage des délayans et un léger
laxatif parurent améliorer son état. Cependant, après
quelques jours de mieux, elle fut prise d'un accès de
fièvre, qui débuta par un léger frisson, qui fut suivi
de chaleur et de sueur. Ce premier accès fut suivi
d'un autre à-peu-près semblable le lendemain.

L'existence d'une fièvre quotidienne me parut certaine, et je me disposais à en arrêter le cours,
lorsque, le troisième jour, l'appareil des premiers
symptômes, qui avait été benin, changea absolument de face et devint terrible. L'accès commença à
trois heures de l'après-midi par un froid extrême qui
dura jusqu'au soir; la chaleur fut proportionnée au
froid qui avait précédé; la malade perdit connaissance; les déjections de toutes espèces se firent involontairement, et elle finit par tomber dans un état
d'immobilité parfaite au point qu'on la crut morte

un instant. Je la vis sur les sept heures du matin :
elle était couchée sur le dos et sur son bras droit qui
était ployé sous elle ; je l'en tirai, et le trouvant dans
un état de paralysie qui aurait pu toutefois n'être
que le résultat de sa mauvaise position, j'examinai
la jambe du même côté, que je trouvai également
sans mouvement et sans sentiment; il y avait hémi-
plégie de ce côté, mais incomplète ; car dans ce cas
l'œil du côté affecté est d'usage larmoyant et la pau-
pière abaissée. Les yeux, au contraire, étaient gran-
dement ouverts ; elle avait le regard fixe, et la
pupille était très-dilatée ; la commissure des lèvres,
qui se porte d'usage du côté opposé à la paralysie,
était dans son état naturel ; la bouche était entr'ouverte, la langue occupait sa place ordinaire, et la
déglutition, quoique difficile, se faisait encore passablement ; elle remuait le bras et la jambe gauche,
à cela près, elle ne donnait aucun signe de sentiment moral ou physique : le pouls se soutenait un
peu ; il ne battait pas plus de soixante-dix fois à la
minute, était régulier, cependant faible; la peau
était couverte d'une sueur froide et gluante.

Dans un état aussi déplorable, il n'y avait pas un
moment à perdre ; la fièvre était quotidienne, elle
devait revenir sur les trois heures : un pareil accès
n'aurait pas manqué de tuer la malade. Il nous restait environ sept heures pour agir : j'administrai
vingt grains de sulfate de kinine dissous dans le sirop
de vinaigre et étendu dans un peu d'eau ; pendant
ce court intervalle (cinq grains de deux heures en

2

deux heures environ), la fièvre ne reparut pas à
trois heures ; j'en fis encore administrer dix grains
dans l'après-midi ; je fis en même tems appliquer
deux larges vésicatoires aux jambes ; elle eut un léger
redoublement vers minuit. Je la vis le lendemain
matin vers six heures : elle était dans la même position , le côté droit toujours insensible comme la
veille , mais le pouls avait repris de la force ; elle
tournait les yeux du côté de ceux qui lui parlaient ,
sans cependant essayer de parler ; la déglutition
était encore un peu plus libre que la veille , ce qui
permit de lui administrer quelques tasses de bouillon
et de limonade , concurremment avec le sulfate de
kinine dont elle prit encore quinze grains en quatre
doses.

Le lendemain, troisième jour, elle essaya de parler , répondit par gestes, et se fit mettre sur le côté ;
dans l'après-midi , elle éprouva un léger tremblement dans le bras et la jambe paralysés , qui fut
suivi de la résurrection du mouvement et du sentiment; même traitement. Le quatrième , elle articula
quelques mots; dix grains de sulfate furent admi-
nistrés ; la fièvre revenait un peu chaque jour sur
les six heures du soir, mais faiblement et seulement
à chaud. Depuis cette époque, chaque jour fut marqué par un mieux ; elle continua encore l'usage du
quinquina pendant une dixaine de jours, en diminuant la dose , et elle fut guérie complètement après
vingt jours de maladie.

TROISIÈME OBSERVATION.

M. le Prieur de l'hospice, âgé de soixante-seize ans, eut, dans les premiers jours de novembre, une fièvre intermittente tierce et benigne, dont il guérit après dix jours de traitement, par le moyen du quinquina.

Un mois après, il éprouva un accès de fièvre intermittente, dans toutes les formes; je lui conseillai de recourir de suite à son premier sauveur, le sulfate de kinine, ce qu'il ajourna, vu qu'il devait dire la messe le lendemain dimanche; mais la fièvre, loin de lui tenir compte de sa dévotion, revint dans la nuit du dimanche au lundi avec toute la fureur d'une hérétique forcenée. Le malade tomba sans connaissance, l'excrétion des urines et des selles se fit involontairement, les vomissemens se mirent de la partie, et pour achever d'enlaidir la scène, les muscles de la face et des extrémités éprouvèrent des contractions spasmodiques des plus fortes; enfin le délire arriva avec la chaleur pour couronner l'histoire, et dura jusqu'au lendemain matin neuf heures, où des sueurs abondantes vinrent annoncer la fin de l'accès. En effet, à dix heures tout était à-peu-près rentré dans l'ordre; il ne restait plus de tout cet épouvantail qu'une extrême faiblesse et la perte du souvenir de ce qui s'était passé.

Le retour d'un deuxième accès de cette force l'aurait certainement tué, à son âge surtout; alors,

2 *

profitant de l'expérience du passé, j'eus sur-le-champ recours au sulfate de kinine , dont je lui fis prendre trente grains , dans l'intervalle qui se trouvait entre la fin du premier accès et le retour présumé du second , par doses de cinq grains , de cinq heures en cinq heures environ , toujours dissous dans le sirop de vinaigre et étendu dans un peu d'eau ; la fièvre fut assommée du premier coup et ne reparut pas. Je lui en fis encore prendre trente grains dans l'espace des huit jours suivans , en diminuant chaque jour la dose, pour empêcher le retour ; et depuis cette époque il a joui de sa santé ordinaire.

QUATRIÈME OBSERVATION.

Me trouvant à la Mailleraye, vers la mi-novembre, M. Régnier, jeune médecin fort estimable , me pria d'aller, avec lui , voir une de ses malades (Mme Mesnil), qui lui paraissait en danger. Cette dame , âgée de soixante-sept ans, était tombée, à la suite d'un accès de fièvre intermittente , dans un *coma-somno-lentum* des plus complets : elle avait la tête penchée sur l'épaule droite , les yeux fermés, la bouche entr'ouverte, ne donnait aucun signe de sentiment ; cependant la respiration était libre, le pouls presque naturel, et la déglutition se faisait encore passablement ; il y avait environ dix heures que cet état durait, et on venait d'appliquer des sinapismes sous la plante des pieds. Après un mûr examen, nous fûmes d'avis que son état était l'effet d'un accès de fièvre pernicieuse ; nous résolûmes de lui administrer le sulfate de kinine à forte dose ; on lui appliqua en outre deux vésicatoires aux jambes : la malade fut mieux dès le lendemain, et guérit complètement dans l'espace d'une quinzaine de jours.

Je me bornerai à ces quatre observations, auxquelles se rapportent toutes celles que j'ai eu lieu de faire sur cette cruelle maladie, que j'ai rencontrée une vingtaine de fois pendant le cours de l'épidémie. Dans toutes, le virus morbifique a particulièrement affecté le cerveau et les nerfs, quel qu'ait été d'ailleurs son mode d'action. On peut donner, je crois à juste titre, à la première, le nom d'apoplectique ; à la seconde, celui de paralytique ; à la troisième, celui de convulsive ; et enfin à la quatrième, celui de comateuse, dont plusieurs auteurs nous ont donné déjà des descriptions détaillées, et qu'il serait superflu de rapporter ici.

DES FIÈVRES RÉMITTENTES.

Les fièvres rémittentes se présentèrent en général sous la forme de gastriques et de gastro-entérites ; j'ai eu lieu d'observer aussi quelques fièvres ataxiques ; mais ces différentes nuances n'étaient l'effet que de circonstances accessoires dépendantes du tempérament du sujet, de son régime de vivre, et souvent du mauvais traitement qu'il avait employé avant d'appeler le médecin. Toutes se ressentaient de leur commune origine, et le traitement qui réussit le mieux en fut une preuve non équivoque. En effet , après avoir combattu les premiers symptômes qui tenaient à l'irritation des différens organes par les moyens ordinaires, tels que la saignée, les sangsues, les fomentations émollientes sur le bas-ventre , les lavemens adoucissans , et enfin les boissons délayantes, telles que l'eau d'orge , la limonade légère, les bouillons de veau ou de poulet, il fallut avoir recours au sulfate de kinine pour guérir son malade le plus tôt possible , comme cela doit se faire en conscience. Dans les simples gastrites , on put l'administrer après le premier septennaire; dans les autres, ce ne fut que du quinze au vingt, suivant la gravité des symptômes; mais dans toutes, après cette dernière époque , il réussit comme par enchantement. J'en donnais dix grains chez les adultes pendant chaque rémittence , en trois ou quatre doses, suivant qu'elles étaient plus ou moins longues, et la fièvre disparut constamment après la troisième. Cependant j'en fis continuer l'usage pendant une huitaine , en diminuant chaque jour la dose, comme dans les fièvres intermittentes. Ceux qui n'en firent pas usage furent presque tous six semaines ou deux mois malades; et leur convalescence fut extrêmement longue.

DES FIÈVRES INTERMITTENTES.

Les fièvres intermittentes de toutes espèces formaient le coprs principal de l'épidémie , puisqu'elles y figuraient environ pour les dix-neuf vingtièmes.

Cependant, les tierces et les quotidiennes furent les plus communes; beaucoup se présentèrent dans leur début sous le type de fièvres rémittentes, et reprirent leur forme ordinaire, après cinq à six jours de régime. Elles ne différaient réellement de ces dernières que par l'intermittence; car elles présentaient à cela près la même série de symptômes, qui consistaient dans un embarras ou légère douleur à la région épigastrique, les nausées, assez souvent suivies de vomissement, la douleur de tête, la toux sèche. Ces premiers symptômes se présentèrent pendant le premier tems de l'accès, qui se composait le plus souvent d'un léger sentiment de froid ou frisson, accompagné quelquefois du tremblement, quoique plus rarement; mais lorsque la chaleur, qui forme la seconde période de l'accès, venait à se développer, le malade éprouvait alors une chaleur ardente accompagnée d'une soif inextinguible; la troisième période, qui ramenait d'usage le calme en partie, fut marquée par des sueurs considérables, qui laissèrent le patient dans un abattement bien supérieur à la force de l'accès, symptôme particulier à cette épidémie et qui se montra régulièrement dans toutes les maladies, quelles que fussent leurs formes. Le froid ou frisson, qui forme de droit la première période de l'accès, manqua assez souvent; il ne se composa alors que de la chaleur et de la sueur: ces fièvres furent en général plus tenaces.

TRAITEMENT.

Le traitement fut simple et n'offrit aucunes particularités bien remarquables. J'entrerai cependant sur ce sujet dans quelques détails qu'on pourrait d'abord regarder comme minutieux, mais dont on reconnaîtra l'utilité, si on réfléchit que je n'ai d'autre but que de mettre la classe laborieuse de la société en garde contre la rapacité des charlatans de toute espèce qui ont si cruellement exploité sa misère dans ces tems de calamité. Dans les cas les plus simples, ils pourront se gouverner eux-mêmes; dans les plus graves, ils pourront s'administrer les premiers secours; enfin ils pourront préparer eux-mêmes les médicamens qu'on leur a si chèrement vendus, quoique cependant leur valeur fût si chétive.

Les fièvres intermittentes, comme les rémittentes, présentèrent un caractère d'irritation dont l'estomac était le foyer principal; il fallut donc employer d'abord le régime adoucissant ci-dessus prescrit; mais la faiblesse extrême dans laquelle tombaient tous les malades après chaque accès, ne permit pas de le prolonger au-delà de huit jours en général, époque à laquelle l'embarras gastrique parut être assez adouci pour pouvoir employer le sulfate de kinine. Il ne manqua jamais alors d'avoir un succès complet, lorsqu'il fut donné convenablement, soit par rapport à la dose, qui doit varier suivant l'âge du sujet et la force de la maladie, soit en raison des différentes époques auxquelles on doit l'administrer.

La dose, dans l'âge le plus tendre, est d'environ un grain par chaque année du malade; depuis huit ans jusqu'à quinze, la dose ordinaire est de dix grains; enfin dans l'âge adulte, on peut la porter jusqu'à trente grains, en augmentant ou diminuant suivant que la fièvre est plus ou moins forte. Ces doses, ainsi variées, doivent se donner dans l'intervalle de deux accès. Les effets du quinquina ou de ses préparations sont prompts, mais en général durent peu; une trop forte dose exciterait infailliblement un excès de ton, qui à son tour serait suivi d'un excès de faiblesse, et on manquerait son coup; il est donc prudent de diviser la dose qu'on doit administrer entre deux accès en trois ou quatre prises, qu'on administrera de quatre heures en quatre heures, si le tems le permet, comme dans les fièvres tierces, ou de deux heures en deux heures, même moins si on est gêné par l'heure, comme cela arrive souvent dans les fièvres quotidiennes ou double-tierces. De cette manière l'action du kina sera continuelle, puisque la seconde prise commencera à agir au moment où la première commencera à perdre de sa force. Au surplus, on ne doit jamais donner ce médicament pendant l'accès, il produirait un effet contraire au but qu'on se propose.

Le sulfate de kinine peut être employé pur ou dissous dans un véhicule quelconque; pur ou dans son état de sel alkalin, il peut se trouver enveloppé dans les matières qu'il rencontre dans les premières voies et être rejeté au-dehors avant que d'avoir

produit son effet. Je le préfère donc dissous, et de
préférence dans un acide quelconque.

Voici la manière dont je le fais préparer le plus
habituellement, et celle dont je l'administre : Je fais
dissoudre vingt-cinq grains de ce médicament dans
quatre onces de sirop de vinaigre, ou dans le jus
d'un citron que je coiffe d'autant d'eau, ce qui demande environ trois ou quatre minutes ; je renverse
le tout dans deux livres d'eau (une pinte), et le
médicament est préparé : voilà tout le mystère.

Dans les fièvres tierces, où il y a vingt-quatre
heures d'intermittence complète, je commence par
administrer quatre doses de cette dissolution le bon
jour, chacune de quatre onces ; la première à six
heures du matin ; la seconde à dix ; et les deux autres
à deux et six heures de l'après-midi. Le lendemain, j'en
administre une dose de six onces, trois ou quatre
heures au plus avant le retour présumé de l'accès : toujours il diminue de force, s'il ne disparaît
pas entièrement; dans ce cas, on attend qu'il soit terminé pour recommencer le lendemain de la même
manière ; rarement le second revient, et presque
jamais le troisième ; mais alors, si on veut éviter les
rechutes, il ne faut pas cesser de suite le traitement;
c'est de rigueur, surtout pour les personnes qui con-
tinuent d'habiter le même pays, et qui par conséquent se trouvent continuellement exposées à l'action des causes de l'épidémie ; mais dans ce cas,
on diminue graduellement le nombre des doses,
ensuite la quantité de chacune d'elles, de manière

à arriver à zéro dans l'espace de douze à quinze
jours.

Le traitement de la fièvre quotidienne, dont le
caractère distinctif est de revenir tous les jours avec
une égale force, et celui de la double-tierce, qui ne
diffère de celle-ci qu'en ce que les accès qui revien-
nent également chaque jour, varient cependant par
rapport à leur force, de manière que celui du lundi
ressemble à celui du mercredi, celui du mardi à celui du jeudi, et ainsi de suite ; ce traitement, dis-je,
est le même quant à la nature et à la dose du médicament ; mais comme l'intermittence est toujours
moins longue, puisqu'en général elle ne dure que
douze heures, quelquefois beaucoup moins, le nombre des doses et leur force doivent varier, suivant
le laps de tems qui s'écoule entre deux accès. S'il est
de douze heures, j'en administre quatre doses,
chacune de quatre onces, de deux heures en deux
heures ; mais si l'intervalle n'est tout au plus que
de huit heures, je ne donne que trois doses, mais
chacune de six onces ; et, dans tous les cas, dema-
nière que la dose soit toujours prise deux heures
avant le retour de l'accès.

La fièvre quarte présente deux jours bons sur un
mauvais ; j'administre le sulfate de kinine le lendemain de l'accès, de la même manière en tout que j'ai
indiquée pour les autres fièvres. Quant à la double-
quarte, où il n'y a qu'un bon jour sur trois, comme
elle est en général plus tenace, je donne le bon jour
quatre doses de chacune six onces, de quatre heures

en quatre heures , et si les accès qui viennent les
deux jours suivans laissent une intermittence telle
quelle dans la journée, j'en profite pour faire prendre une dose de six onces lorsque l'accès est entièrement terminé.

Les vomitifs et les purgatifs, pris si souvent par le
seul caprice des malades, qui les regardent comme
des remèdes à tous maux, et que souvent leur ordon-
nent des personnes intéressées à les leur vendre ,
aggravèrent constamment la maladie ; des simples
tierces devinrent quotidiennes, et celles-ci continues ; plusieurs gastro-entérites qui mirent le malade en danger leur durent leur existence. Admi-
nistrés après la guérison , ils occasionnèrent des
résultats presque toujours pires que la maladie première.

PRÉSERVATIFS.

L'épidémie sévit , selon l'usage , avec beaucoup
plus de rigueur sur la classe la moins aisée de la société. Les personnes fortunées n'en furent cependant
pas exemptes ; il était tout naturel qu'elles cherchas-
sent à s'en préserver. Je fis prendre aux unes deux
grains de sulfate de kinine , matin et soir , dissous
dans deux gros de sirop de vinaigre, et étendu dans
un demi-verre d'eau. Quoique l'usage de ce médicament ne fût pas nouveau pour certains médecins ,
puisque je l'emploie depuis cinq ans , il l'était pour
une grande partie du public ; et s'il est des ama-
teurs excessifs de nouveautés, il en est aussi qui s'en

défient trop ; les deux extrêmes sont également mauvais. Cependant, comme il est prudent, quand
cela se peut, de ne pas contrarier l'opinion, j'ordonnai à ces derniers l'infusion du quinquina à la
dose de quatre onces matin et soir. Il suffit, pour la
faire, de mettre une once de quinquina concassé dans
une pinte d'eau (deux livres), et de le laisser infu-
ser à froid pendant quarante-huit heures, ayant
soin d'agiter le mélange trois ou quatre fois par jour ;
on peut l'exposer au soleil, mais jamais à une chaleur plus forte ; il deviendrait trouble et serait dégoû-
tant ; on le filtre ensuite, et on le conserve pour
l'usage. J'engageai les uns et les autres à habiter les
appartemens les plus secs et les mieux aérés de leur
maison, et par conséquent à éviter l'humidité ; à
user d'une nourriture succulente et de boissons géné-
reuses, cependant sans excès ; car ils sont toujours
suivis d'un état de faiblesse proportionné au degré
d'exaltation qu'ils ont produit, et qui donne prise
aux maladies. Ces simples précautions en préservè-
rent les dix-neuf vingtièmes de ceux qui s'y sou-
mirent.

Malheureusement tout le monde n'en pouvait pas
faire usage. Le sulfate de kinine, comme je l'ai déjà
dit, était un médicament nouveau pour bien du
monde, et le prix en était inconnu pour tous. Beaucoup de marchands de drogues ont largement pro-
fité de cette circonstance ; les plus modestes ont
commencé par le vendre vingt-cinq centimes le grain,
puis vingt, et enfin sont descendus à quinze, lors-

qu'on le prenait en nature ; mais comme on l'ordonnait assez souvent étendu dans une quantité plus ou moins grande d'eau, ils l'ont aussi fait chèrement payer, de manière qu'une bouteille composée de ving-cinq grains de kinine dissous dans quatre onces de sirop de vinaigre, et souvent dans quelques gouttes d'acide sulfurique, qui ne valaient pas deux centimes, se vendait jusqu'à huit francs cinquante centimes, ce qui mettait les malheureux dans l'impossibilité de continuer le traitement ; car quelqu'énormes que fussent les bénéfices, on a refusé quelquefois de leur faire crédit. (Cependant, je dois dire aussi, pour rendre hommage à la vérité, qu'il y a eu des apothicaires qui ont fait des sacrifices en faveur des indigens.) C'est cette sordide et barbare avarice qui m'a déterminé, dans l'intérêt des malheureux, à indiquer la valeur réelle de cet admirable médicament et les moyens de se le procurer à juste prix.

Le sulfate de kinine se vend à Paris, chez les marchands de produits chimiques, deux francs le gros, par conséquent trois centimes le grain. La bouteille de vingt-cinq grains, édulcorée avec quatre onces de sirop de vinaigre estimées soixante centimes, s'établira donc pour vingt-sept sous au lieu de huit francs cinquante centimes, différence énorme qui mettra le malheureux à portée de recouvrer sa santé. Je sais que chacun doit vivre de son état ; mais il me semble qu'un bénéfice de cent pour cent devrait contenter les plus insatiables ; mais sept cens pour cent est un contre-sens pour moi, en fait de probité.

Il ne suffit pas d'indiquer le prix réel du sulfate de kinine; il faut pouvoir se le procurer à ce prix. La petite quantité dont chacun a besoin, l'éloignement de la capitale et le défaut de correspondance, seraient autant de motifs qui s'y opposeraient, particulièrement pour la classe qui en a le plus besoin. J'engage donc MM. les curés, qui ont fait preuve de tant de zèle dans ces tems de calamité, les différens membres des comités de bienfaisance, et en général toutes les personnes charitables, à en faire un petit approvisionnement; ils pourront m'adresser chacun leur commande, et lorsque leur réunion se montera à deux ou trois onces, afin d'éviter trop de frais de port, je les ferai venir, et distribuerai à chacun la part qu'il aura demandée. Il suffit, pour conserver ce médicament, qu'il soit dans un vase hermétiquement fermé et déposé dans un lieu sec.

Depuis trente ans que j'exerce l'état de médecin dans ce pays, je n'ai jamais fait payer une consultation, même aux personnes aisées dont j'étais le médecin habituel; à plus forte raison à une époque où je n'ai d'autre ambition que de prouver ma reconnaissance à la population qui m'environne, non-seulement pour la confiance qu'elle m'a si largement accordée, mais encore pour les marques d'attachement qu'elle m'a prodiguées dans les derniers tems, où j'ai failli être la victime du fléau dont je cherchais à débarrasser les autres.

J'engage donc ceux qui croiraient avoir besoin de mes conseils pour faire l'application des préceptes que je viens d'exposer, à se présenter chez moi avec assurance. Ils y recevront *gratuitement* tous les documens qu'il sera en mon pouvoir de leur donner.

Je sais que des personnes intéressées et jalouses, n'osant attaquer ma capacité, ont dit que je ne voulais plus faire mon état, dans l'intention de s'approprier ma clientelle, etc. Je déclare formellement que ce sont des fourbes : je crois devoir aux personnes qui m'ont accordé leur confiance dans ma jeunesse le fruit de l'expérience que j'ai acquise avec l'âge, et je ne cesserai d'exercer mon état que lorsque je cesserai de vivre.

FIN.

www.ingramcontent.com/pod-product-compliance
Lightning Source LLC
Chambersburg PA
CBHW060748280326
41934CB00010B/2400